창비시선 [139]

정 종 목 시 집

복숭아뼈에 대한 회상

창 작 과 비 평 사

1 9 9 5

제 운명의 미궁 속으로 걸어온 사람에게 바친다.

차 례

제 2 부

제 1 부

밑창이 다 해진 신발 노래

남의 집 문 밖에서 내 그림자 길어질 때부터
나, 세상의 그늘 속을 걸어왔다.

자동응답기

악령처럼 전화벨이 울린다.

저는 지금 외출중입니다.

이 외출이 얼마나 걸릴지 잘 모르겠습니다. 모든 부재가 아름답고 그리움이던 시대가 있었지요. 얼마나 더디고 오랜 혼선 뒤에, 우리는 마주할 수 있나. 제 곁의 많은 벗들이 떠났습니다. 믿지 마세요. 지금 이 목소리는 먼 과거로부터 와 닿는 헛된 울림, 다만 벽 하나를 사이에 두고 우리는 서로를 안타깝게 호명하고 있는 것은 아닌지요.

잠시 후 삐이—— 소리가 울리면 당신의 그 말씀을 남겨두십시오. 돌아오는 대로 연락드리겠습니다.

사랑의 역사

토막난 추억이 등 밝히고 온다.
사랑이여.
너로 인해 환멸을 배웠다.
유리창이 스쳐가고
문이 열린다.
세월에 등 떠밀려
굽은 어깨들 밀려오고 밀려가고
빛나던 네 눈동자
없다.

다시 시작할 수 있을까.
꽃 피는 마음이 몸을 디민다.

젊은 연인들

오직 그를 향해 빛나는 마음이라면
오늘 밤 휴전선이라도 넘겠다.

수도꼭지가 새고 있다

물방울이 또옥, 똑……
진다.
개수통을 튀어오른 물방울이
잠 못 드는 밤을 뒤척이며 흘러가고
문틈에 끼여 버둥대는 청춘의 젖은 날개여.
방 안에 번져가는 물방울의 파문이
방울방울 나를 적시는 동안
젊다는 게 죄가 되는 밤들이 가고
그 세월 속에 무엇인가 흘러
젊지도 늙지도 않은 날들이 온다.

저놈의 꼭지를
잠글까, 말까.

먼지들은 쌓일 곳을 찾는다

마음은
깊은 어둠.
아침 창엔 햇살
스며……
빛나는 먼지,
오오 하찮은 것들의 비상이여.

그것 봐.
망각의 언저리에
무엇인가 꿈틀거리고 있지?
겨우겨우 솟구쳐
허공을 흔드는 마음의 소용돌이여.

우우…… 어디로 가는가.
문 밖의 비어 있는 시간을 향해
몰려가는 저, 저
몸짓,
짓.

감동은 어디 있는가

새벽좆이 서지 않는다고
짜릿짜릿하게 전기를 먹어 그렇다고
투덜대던 전공(電工)이 있었다.

우리가 견뎌온 시절이 그랬다.

새들이 푸른 새벽을 깨우다

와이퍼가 빗방울, 빗방울을 지운다.
전봇대와 가로수 사이를
포롱, 포롱, 포르롱 참새, 참새가 난다.
눈썹 같은 가등이 아직 꺼지지 않고
촉촉히 젖은 아스팔트 위 꿈틀대는
붉은 지렁이, 지렁이.
은사시, 은행나무 잎사귀가 못내
후둑후두둑 빗방울 떨구고
예전에 휘황하던 것들은 이제 빛을 잃었다.

북어, 북어국

이 아침에
나는 숙취로 쓰러져 있다.
햇살이……
가늘고 희미한 햇살이
어두운 생애를 헤집으며 들어서고
내 안에선 북어국이 끓는다. 북어국?
이럴 때 아내가 있었으면……
적막하고 늦은 아침을 맞진 않았으리.
생각이 생각을 끓어 넘치게 하고
회한이 회한의 헛된 거품을 만든다.

내 젊은 날이 고스란히 걸쳐 있던 연대.
사랑마저 정치적 의미를 강요받던 시대에 나는
한 여자를 맹목적으로 사랑해도 되는 것일까
의심했다. 사랑을 완성하기 위해
나는 너무 많은 여자로부터 멀어졌다.
조국과 계급이라든지

민중이라든지 조직이라든지
볼품없는 한 줄의 시를 위해서도
사랑을 팔았다.

밤새워 반역하는 몸 안에 쓰린 술을 붓고
눈물 젖은 편지를 쓰기도 했지만
누구도
그 무엇도 돌아오지 않았다.
무지와 야만의 칼날이 사랑의 탯줄을 끊었고
사랑을 완성하기 위해
나는 너무 많은 시행착오를 했다.

짧았던 한 시절이 가고
광기의 연대가 끝났을 때 나는 혼자였다.
문득 맞는 서른의 아침.
북어는 저자에 있고
북어국은 내 앞에 끓는다.

핏발 선 한때의 눈, 가시와 상처를 숨기고
처형당한 청춘의 마른 살점을 뜯어

지금 내 속에 끓어 넘치는 이것은
연민인가, 덧없는 한 시절을 다시 맞는
다짐인가, 사랑을 완성하기 위해
나는 또 얼마나 견뎌야 하는가.

새벽에 산에 가서

배낭이 올라간다.
플라스틱 물통이 올라가고
콘크리트 깔린 산책로까지
엔진을 쿨럭이며 바퀴도 달린다.
등 굽은 얼굴들 골똘히
세상 쪽으로 기우는 약수터.
파이프에서 쫄, 쫄, 쫄……
샘물 흐르고
이열종대 물통들이 마개를 따면
배드민턴 공이 튀어올라
헛둘헛둘 팔굽혀펴기를 한다.
들어올리는 역기 위로
어둡게 날이 밝는다.

여 름 날

숲이었으면
연못이었으면 차라리 늪이었으면
진창 속 숨은 꿈틀거림으로
흐물흐물
썩어
용용한 소용돌이를 뚫고
한여름 푸른 꽃대 올라왔으면
수련(睡蓮)이 한 켜 한 켜
눈부신 꽃잎 펼치고
네 자궁 속에 웅크린
혼곤한 잠이었으면.

철조망 속 나팔꽃 넝쿨

은혜처럼 빗물 고인다.
종말과 휴거를 외치던 선동가, 전도사가 가고
우산 속으로 숨는 표정들.
김밥이나 따끈한 커피 !
노점과 행상들이 포장을 덮고
비바람에
점쟁이집 깃발 펄럭인다.

빗물 가르며 출애굽처럼 버스가 가고
현수막이 젖고 붉은 광고탑이 빛난다.
담장 위 철조망 속
꽃망울이 툭,
빗방울 뚜욱 뚝.
낭창낭창한 버들개지 너머
저 푸르른 시절을 휘감아
이 비 그치면 나도 가리.

중랑천은 흘러 어디로 가나

가난한 살림에 하나 둘 백열등을 켜던 시절에
삐딱하게 기운 전봇대, 축 늘어진 고압선 아래
마을이 있었다. 날이 저물고
무너지고무너지고무너지고……
다 허물어져 깊은 적막을 포클레인이 헤집는다.
추억을 실은 덤프트럭이
오래된 노래 속으로 흙먼지를 날리고
폐허를 빠져나가는
저녁

바닥을 드러낸 개천.
스무 해 전쯤에, 아니아니 그보다 먼 시간 속
줄배를 당겨오는 얼굴, 얼굴, 화안한 얼굴들이
풀밭에 몰려와 듬성듬성 쥐불을 놓는다.
휘잉휘잉 깡통을 돌리며 황혼을 넘는 아이들과
만월을 띄우는 바람개비, 바람개비.
달집 태우던 기인 그림자.

폭약을 놓던 조무래기들 골목 어귀에 숨어 귀청 막
으면
　달처럼 봉긋한 젖가슴, 새청 지르던
　밤길의 공장 누이들.
　검은 물이
　가랑잎 같은 시간을 밀어간다.

　부글부글 끓어오르는 거품을 안고
　흘러간 생들은 어디에 몸 푸나.
　저 너머 철골을 쌓는 타워크레인.
　기억의 한귀퉁이로 징검돌을 놓고
　비닐봉지 든 여자가 마른 개천을 건너
　하늘에는
　붉은
　달.

도둑고양이가 숨어들던 밤

자정의 골목을 훌쩍 넘어온 고양이가
신생의 울음을 훔치며 운다.
어디서 왔니, 슬그머니
심지를 세우는 너의 퀭한 집중.
감춘 발톱이 지붕 위를 어슬렁거리고
고요 속에서
하루의 갈피 속에서 꿈틀,
일어서는 불, 불, 불,
망각 속에
어렴풋이 동을 틔우며
제 몸보다 큰 그림자를 끌고 간다.
밤은 부드럽고
아침 해를 기다리는 이슬.
이슬의 떨림.
모퉁이에 웅크리고 있는 그놈.
한 마리 따뜻한 목숨의 느릿한 하품.
눈동자 속의 환한 탐조등.

이 밤에 나를 할퀴고 가는……
저, 저 놈.

순결에 대하여

새벽에
푸른 유곽의 골목을 걸어봤니?
모든 풍경이 느릿느릿 한낮을 향해 그림자를 드리우
고
딸깍딸깍 슬리퍼를 끌던 미궁의 문들 너머
해진 신발끈을 묶으며
세상의 모든 아침이
어떻게 과거와 등 돌리고 비롯하는지
생각해봤니?

— 형, 왜 시를 쓰지 않아요?
— 난 시를 써본 적 없어, 흉내만 냈을 뿐. 내가 당
한 능욕의 기록이 그것이라면 난, 능욕당했어. 내가
속한 시대에 난, 너무 늦게 오거나 일찍, 왔어.

조금씩
타락하는 햇살이었다.

처음엔 가녀린 빛으로
세상을 해찰하던 새벽이 가고
생의 복판으로 걸어온 발걸음이
하나씩 집착을 버릴 때마다
처녀를 버린 여자는 어떻게
사내들의 세상을 견디는지,
꾸역꾸역 고치를 짓는 누에는 왜
스스로 감옥을 만드는지
생각해봤니?

이제 나는 순결을 잃었어.
나를 버려줘, 제발.

열차는 달리고 싶지 않다

그 길은
막막한 지평을 넘어 자꾸만
극단으로 가라고 외친다.
한 시대가 가고 있는 쪽으로
지난 시절이 악을 쓰며 간다.

복숭아뼈에 대한 회상

밤길 걸을 때
홀로 걸을 때마다 그 소리가 들려.

가투(街鬪)하다 꺾인 발목, 주저앉아 짚이지 않는
복사뼈가 절골(折骨)의 아픔으로 저려와. 부기가 빠지
면 괜찮을 줄 알았는데 뚝, 뚝 뼈와 뼈 닿아, 아픈 기
억의 살들이 떤다. 접골하고 침이라도 맞을까, 미적이
며 혹시 이러다가 낫지 않을까, 시간이 흐르면 살 속
의 뼈도 어긋난 대로 육신의 새 부위를 이루며 적응하
지 않을까, 그런 기대와 요행을 비웃듯이 직립의 고통
이 저릿저릿 복사뼈를 울려. 건드리면 튀어오르는 조
건반사의 추억이 누구에게나 있지. 그 심연으로부터
발을 헛디디며 나는 진화해왔어. 처음 가는 낯선 길,
낯선 거리, 막다른 골목. 물러앉은 복숭아뼈 다시 불
거질 때까지 절뚝거려선 안돼. 쉿, 조심.

풍자가 있던 거리

부르튼 입술들이
저의 생을 흔들어 부른 노래.
깃발을 들고 내가 뛰어갔던 거리.
끌려가던 벗들의 아우성.

신호등이 바뀌고
성난 눈동자들이 걸어간 쪽으로
가뭇없이 황사가 인다.
검은 비닐봉지가 너풀너풀 허공을 떠가고
향기도 없이
꽃가루 흩어져 날이 저물면
뽀오얗게 다시 밤을 점령해오는 저것은
안개인가, 스모그인가.
한때 우리가 점거했던 거리.
풍자가 스쳐간 젊은 날이 지고
밤의 욕망처럼 나트륨등이 부풀어오른다.

제 2 부

예감의 푸른 실핏줄

수은주가 내려갈수록
세상이 투명해진다.
종종거리며 다가와 하아하아
푸른 숨결과 숨결, 입술과 입술.
뭉텅뭉텅 잘린 버짐나무 검은 가지 획획 —— 스쳐
가고
철컹철컹 철교를 건너는 경춘선 비둘기.
꼭지만 남긴 밤섬에
가마우지 날아오고 물살 박차며 청둥오리가 솟구친
다.
맑은 하늘에
어제의 그늘을 벗는 그 모든 몸짓들이
화알짝 햇살 퍼뜨리면
쩽 ——
달래랑 봄동 한 입 깨물고픈 날.

어떤 추운 날

마음에 향불 탄다.
반야바라밀경 밤을 넘어
금당 처마 끝에 고드름 고드름
하얗게

오래 앓은 가슴에
무엇이 더 추락을 멈추고 달려 있는지
뚜욱 뚝……
핏물 고인다.

아침의 고요 속에
못을 치지 않은 절간 한 채
세웠다 허문다.

그 골목 외등 아래

홀로 등불이 깊어간다.
새까맣게 하루살이 달라붙고
오래된 노래도 한 소절
비틀거리며 간다.

커엉커엉……
담장 건너 개가 짖고
발자국, 휘파람 멀어지고
개 짖는 소리마저 지우며
전동열차 환한 유리창을 달면
마을이 부르르……
떤다.

외등 밖에
언뜻 사내하고 여자
다투는 소리 ——

먹구름 속 그믐달.
철대문 안에 어룽대는
아슬한
불빛.

동해고속도로*

벌써 사흘째였다.
마른오징어를 씹으며
박대리는 액셀을 밟는다.
늦은 하오의 해안도로, 진양조로 휘어진 길을
절벽 아래로 끌고 가
허공에 바퀴를 굴리던 레미콘 트럭이
파멸한 공룡 같다.
모든 질주가 헛되고 .헛되다.

뜻밖의 검문과 감시를 스치며
그들은 달리고, 또 달렸다.
다만 졸지 않기 위해
마지못해 끄덕이던 말들.
한낮의 이글거리는 햇살이 꺼지고
해변마을, 휴게소, 모래밭, 순찰차가
차창을 스쳐갔다.

바다를 가두는 철책 너머
검푸르게 하루를 닫아가는 바다.
황혼을 끌며 고깃배가 돌아온다.
스쳐가는 순간들, 깜빡이는 전조등 속으로
한 치 앞의 미래 혹은 과거가 번쩍이고
떠나기 전날 그들은
늦도록 술을 마시며 다투었다.

쳐봐! 새꺄! 그걸…… 주먹이라 달고 다녀!

아직 어색하게 화해를 유보하고 있지만
얼마쯤 서로에 대한 존중이 생겨나긴 했다.
함께 했던 날들,
찌부드한 어제 속에서 눈을 비비고 나와
지금 그들이 찾아가는 곳은
어디쯤인가.
오직 한순간 눈을 감으면

모든 순간은 흘러가고
떠도는 것은 바람 속의 티끌, 티끌뿐이라고……**
카오디오는 무감한 시절을 울려대고
차마 눈감지 못한 날들은
불시에 제한속도를 넘어선다.

침묵으로 달려드는 길이 허옇게
범퍼 밑에 깔린다.
다만 끔찍한 충돌과 전복을 피해
망망한 바다 곁을 달려가고 있는 이것은
정녕 위험한 편승인가.
해지기 전까지
그들이 닿아야 할 곳은 어디인가.

　＊ 동해고속도로는 동해시에서 강릉에 이르는 구간이지만
　　이 시는 울산에서 경주, 포항을 거쳐 강릉으로 향하던 7
　　번 국도에서 불현듯 솟아올랐다. 그러니까 나는 7번
　　해안도로 전체를 '동해고속도로'로 상정한 셈이다.

1991년 가을, 어느날이었다. 이듬해『한길문학』여름호
(1992년 5월)에 발표.

＊＊ Kansas의 「Dust in the wind」에서 'I close my eyes
only for a moment and the moment's gone……'

마음의 철길

이 길을 에돌면

혹시 널 만날까.

타는 추억 속에

마른 장작을 던져넣고

뿌연 유리창을 닦으면

그리움으로 달려온 모든 길들 얽혀

낡고 오랜 역사(驛舍)에 닿을까.

안개와 이슬에 젖던 쉰 기적소리

빽 빽 —— 울면

유년의 긴 그림자

다시 밟을 수 있을까.

먼　길

이 길이 영영 마지막일지
몰라.
깊은 밤 나를 몰아가는 시계소리, 타종소리……
창 밖에 눈보라, 눈보라.

산 그림자

쥐똥나무 까칠한 숲에서
푸드득, 산꿩이 솟구친다.
희끗이 잔설 박힌 바위 위에
오도카니 검은 들고양이
퀭한 눈동자 속으로
우우…… 고요가 몰려간다.
마른 상처 속으로 가자.
허공에 흩어지는 북소리.
절정에 가까울수록
발 밑의 강이 슬금슬금 달아나고
마음은 어디쯤 머물다 흘러
헛된 집착을 또 버린다. 멀리
햇살 부서져 어지러운 강심에
아가미, 붉은 아가미 숨어
자드락길을 따라 이윽고
산이 헐떡인다.

갈대는 흔들리지 않는다

차마 소리쳐 부를 수 없는 형벌로
갈대는 떨었다.
갈꽃머리 누이며
바람 불고 강이 흐르고 호득호득
울음을 묻던 새도 둥지를 비웠다.
햇빛, 달빛, 별빛이
마디마디 빈 칼집을 채우는 동안
늘 처음을 향해 서걱이던 갈대는
숲 밖의 세상을 흔들어
오솔길이 아무렇지 않게 에둘러갔다.

속 리 행

잔설에 딛는 발이 삐긋, 땡초 같은 중과 입씨름한 반나절이 산허리에 걸린다. 승속의 경계가 어슷하던 중이 한사코 권하던 절밥도 뿌리치고 빈속으로 올라가는 문장대, 못 미쳐서 허기와 갈증 속 흐르는 개울물이 말라 물푸레, 상수리 빈 가지 가리키는 하늘이 잘 보이지 않는다.

발 아래 절간이 놓인다.

산문 밖을 구르던 가랑잎이 바람에 쓸리면 으웅으웅 …… 산그늘을 밀던 전기대패 소리. 마른 장작을 패는 불목하니 오체투지(五體投地)로 한세상을 접을까, 생각이 허튼 화두를 올라 이승의 걸음이 멈춘 곳, 허름한 산주막에 주인은 없고 고만고만한 아이들만 남았다.

얘들아, 어른은 어디 갔니?

물건 띠러 읍내 가셨쥬.

즈회끼리 팔 걷어붙이고 덜그럭대며 내놓은 손두부
에 김이 모락모락한다. 예닐곱살쯤 되는 것이 그래도
지가 언니라고 어린 동생 손을 끌고 등에 업은 아이를
고쳐 업는다. 포대기 속 어린 눈망울이 히히 웬 두타
행(頭陀行)? 묻는 것 같아 짐짓 산정에 얼굴 박는다.
얼마나 더 올라야 닿을까.

거진 다 왔슈. 오신 길 따라 쭈욱 가면유.

젖은 마음 휘청이며 어디로 갈까. 하늘 가까운 속리
에 해 기울고 환멸 속에 입적하는 바람이여, 피안은
아득하고 첩첩 속세도 멀어 거기까지 다다른 길을 나
는 버렸다.

행   렬

달이,
섣달 보름 향해 부풀던 새벽달이 능선에 걸렸다.

두런두런 야음을 넘는 목소리.
칼칼한 기침소리 산그늘에 젖고
뿌우연 플래쉬 불빛이 대열을 흔들었다.
사각사각 눈길에 박히는 아이젠.
흐릿한 잠결 밖으로 어둠을 밀어내던 산이
동행의 입술에 푸른 입김을 매달 즈음
산은 이미 바닷빛으로 환히, 펼쳐졌다.

무량겁을 뒤집어쓰고 비로소 탈속하는 절간,
그 너머 설원에선 끼리끼리 사진을 박고
아그배, 쥐똥, 가문비, 자귀, 누운잣, 누운측백……
내어줄 것 다 내어주고 흰 뼈로 남아
자잘한 이름마저 지운 겨울나무 아래
새파랗게 질린 웃음들에 눈꽃 피었다.

공룡, 용아 갈라선 발자국이
그보다 먼 시절이 가물가물 능선을 넘어가

길 밖의 눈이 사람의 키를 묻는다.
한 비탈 넘어서면 또 하나 막아서
설핏설핏 길 아닌 길을 몰고 가는 멧돼지 발자국
짧은 한숨으로 흐트러져 히힛히힛 눈 내린다.
얼음장을 깨면 뼛속에 스미는 한기, 쌀을 씻고
아무렇게나 눈을 퍼담아 허기를 채운다.

소청 무렵에 눈발이 굵어진다.
조금 이르거나 늦은 발을 털며
누운 칼잠 속으로 밤새 눈보라가 치고
간밤에 동사한 사람들의 무거운 침묵이
아침의 마른 입술들을 건너갔다. 문득, 산이 무서워
졌다.
어쩌면 해를 볼 수 있을지 모른다고

눈발 성긴 짬에 대청까지 올랐던 이들도
산을 넘어 사흘 만에 닿은 포구,
지고 온 배낭이 기우뚱하고
퉁명스런 칼질에 내장을 쏟던
바다, 비늘 벗는 눈부신 적멸이여.

더러 쓸쓸한 척
밤 깊은 선착장을 서성이던 그림자.
그 어름에 무슨 일이 벌어졌는지 알 수 없어
돌아온 뒤 몇몇 눈맞았다는 소문 돌고
엽서와 전화가 오갔고 한 쌍은 식을 올렸다.
뿔뿔이 흩어진 벗들 느닷없이 궁금해지면
한여름에도 하이얀 청봉들이 울뚝불뚝 솟아올랐다.

한물 간 가수의 노래

한겨울의 귀뚜라미

심야의 에프엠.
요절한 가수가
짧은 생애를 쥐어짠다
누군가
그 밤에 더듬, 더듬, 더듬이를 흔드는 놈이 있었다.

노래가
무엇의 집중인지 너는 아니?
저의 불우를 삼키며
깜빡 한 시절을 스쳐와
귀뚤귀뚤 귀 뚫으라고
이제사 마른 입술을 여는 너는.

아침에 그놈은 죽어 있었다.
쯧쯧.

지금 그 얼굴은 없다

약속을 잊으셨나요, 흠흠……

  핸들을 꺾자 미루나무 숲 사이 호젓한 소로, 농협창
고가 스쳐가고 느릿느릿 경운기가 멀어진다. 길섶에
코스모스, 한 무더기 우주가 뭉클, 흔들린다. 논둑길
너머 가까운 산에 슬슬 단풍이 지고 늦가을 오후의 햇
살이 기우는 지방 교도소 앞. 노역 나온 푸른 옷의 수
인들이 볏단을 나른다. 빈 들에 마른 짚단과 검불을
모아 불을 지피는 사내들.

  그는 무직이었고 세포였고 주거부정이었고 고집불통
낙관주의자였고 시인이었다. 이 시간 속에서조차 등록
말소된 그는 불심검문에 주민등록 변조로 잡혔다. 사
소한 것들이 늘 우리 생의 어깨를 낚아채었다.

  작달막하고 쪼글한 촌로의 얼굴이 애써 모른 척 얼
굴 돌리다 말문 트이면 바싹 다가서는 풍경 속, 함께

했던 날들로부터 돌아오지 않는 사내가 있었다, 그때.

　벽의, 이쪽과 저쪽에서
　옛날처럼 얼굴을 맞댈 순 없으리.
　그의 낙관은 옥담 안에 있고
　한 시절을 불던 바람은 들판의 연기를 몰아
　알 수도 없는 곳으로 끌려갔던 세월이 아른아른 흘
러간다.

횟집에서 혹은 나의 물고기
도감에서

언뜻 그놈이 그놈 같은데……
넙치는 가자미과에 속한다.
둥글넓적해서 넙치, 문자 써서
광어라 불리는 놈은
오른 쪽, 옳은 쪽, 바른 쪽으로 누워
극우반동의 저 멀뚱한 눈알을 좌편향으로 굴린다.

도다리는 붕넙치과다.
좌경을 지나온 극좌의 마름모꼴 몸통이
물밑을 바싹 기어
저 우편향의 눈알은 차라리 슬픈 풍자에 가깝다.

가두리 양식산이 대량유통되면서
넙치가 흔해졌다.
더 쫄깃하고 질긴 맛에
아니다, 희소가치 때문에
회값도 도다리를 비싸게 쳐준다.

물끄러미 나는 수족관을 들여다본다.

해금강*에 지다

섬.

텅, 텅, 텅……
발동선이 나가고
먼바다의 경련이
사람의 가슴에 와 일고
저문 선착장에
낡고 칙칙한 고깃배 술렁인다.

바람이 고요를 덮치며 오기 전에
파도가
해풍과 소금에 절은 생애를 묻으러 오기 전에
황혼 속으로 말을 잃어가는
포구.

후여후여 팔색조가 한여름을 건너가고
해미 속을 걸어온 발자국이 손아귀를 빠져나가는 밤

옛날로부터 돌아오지 않는 얼굴 사무쳐
바다 곁에서 잠이 든다.
느릿느릿 난바다 바람이 어화(漁火)를 흔들고
동박새는 푸득푸득 겨울을 흔들어
몰래
동백꽃 벙근다.
헤집어보지 않아도 익히 아는 저 흉흉한
바다.

처음의 깊은 곳으로 돌아가는
푸른 거북이.

　＊ 海金剛: 거제도 남부면 갈곶리 앞바다.

제 3 부

옛날의 거리

마을버스는 구불텅구불텅 그 시절을 거슬러

간다, 내 살던 옛 마을, 옛집 사라지고 그 어름에 똥,

또옹, 또옹…… 희고 검은 음계를 넘는

개굴스럽고 새침하고 뾰로통하고 아기똥한 표정들,

고사리손을 끌며 짐짓 눈살 모아 악보를 펼치는 단발머리

해사하게 화장 먹은 저 얼굴도 기억난다.

"오빠는 너무 굳어 있어. 알아? 모든 생명이 리듬이라는 걸?"

무르춤한 손목 잡아끌던 네 여윈 손을 따라

건반을 누르면

필로폰이 주입되듯 과거로 스미는 발자국, 발자국.

"풀잎이 바람에 흔들리지? 새들이 지저귀지? 그

속에⋯⋯"

　"씨이. 나도 안다, 알아."

　허나 제 가락을 잃고 허둥대는 육체여.

　나는 오래 나의 노래를 잊었다.

　앞산 흰 바위 눈부시게 불거지면

　내 살던 옛 마을 옛터

　풍금소리 대신 새로운 정신이 똥땅똥땅 뛰어오르는

　그 언덕 위에

　너는 어떤 고난도 뚫고 나갈 마들*의 아이⋯⋯

　잊지 마라, 옛날의 휘파람소리를.

　　　* 지금의 노원역 근처에 역참(驛站)이 있었다면 '마(馬)
　　　들'이라 부른 것을 이해할 수 있다.

등나무 넝쿨이 뻗어간 자리

처마 낮은 잿빛 기와였지.
햇살 부서지던 담장 위 등나무 넝쿨이
여름 쪽으로 보랏빛 환한 꽃등을 달았지.
치렁한 잎사귀 장독대 넘고 지붕 건너 칭칭 장대를
감고
우줄우줄 안테나 타고 근동 하늘로 오를 무렵
미루나무 밤나무 숲에서 해종일 쓰르라미 울고
해바라기 꽃판에 까아맣게 씨알이 여물던 울안

아침부터 저녁까지
낡은 펌프가 쿨컥대던 마당가
깡마른 늙은이가 빨랫방망이 두드리며 몬살아 몬살
아……
땡깡 놓고 뛰쳐나간 그 집 막내 돌아오지 않고
구구구 계사 속 물컹한 닭똥내음, 닭똥내음만 남아
더 어디로 갈 수 있데?
하늘 아래 횅한 등을 가려주는 낮은 지붕들만 이어

겼지.

그 너머 풍뎅이 같은 코로나택시 툴툴거리면
모기다리 종아리들 우—— 뛰어갔지.
뚝방 위 흙먼지를 얹으며 양철버스 지나가고
고만고만한 아이들 달고 방역차가, 살수차(撒水車)
가 지나가고
도저와 포클레인이 지나가면 집과 마을이 헐리고
전동열차가 왔지.
그때마다 살비듬 같은 회벽들 벗겨지고
머얼리 제가 건너온 세월로 햇살 튕겨내던 철길에
쫑긋쫑긋 귀를 붙이던 새까맣고 어린 눈망울, 망울
들.

하오의 햇살만큼 기운 담장 밖에선 아이들이 공을
찼지.
통, 통…… 바닥을 튀어올라 못 살겠다! 갈아보

자 !

찢어진 벽보를 때리고 지붕 위까지 솟구친 고무공이

토옹, 통 떨어지면 차암, 신기하지?

허공에 떠 있던 창문 벌컥 열리고 요, 요놈의 새끼

덜!

꾀죄죄한 중늙은이, 달마화상을 짓던 그런 집이었지.

몇놈은 벌써 줄행랑 놓고

굼뜬 놈만 남아 발로 툭툭 흙을 차고 뒤통수 긁으면

비죽, 터져나오는 웃음을 창문으로 닫아걸고

땟국 낀 아이들 깜장 고무신만 벗기고 달아난 공이

제풀에

또르르르 굴러……

편지 왔어요!

자전거 발통에 톡, 톡 햇살 분지르며

찌릉찌릉 페달을 밟아 온 우체부 소리치면

빼곰이 방문 열리고 중늙은이 사내도 고즈녁이 고개
를 빼던
낡은 집, 텔레비전 앞 마루턱에 슬그머니
엉덩이 걸쳐놓던 기계총 맞은 까까머리, 상고머리.
월남에서 도라온 새까아만 김상사아……
눈물 찍고 손뼉 치며 콧노래 흥얼대던 갈래머리, 단
발머리 계집애들.
담장 밖
삑삑 —— 휘파람 속으로 부푼 젖가슴을 부르던
감숭한 코밑수염, 하모니카, 하모니카 소리.

어디까지 갔니?
들리지 않는 호명을 따라 뻗던 등나무 넝쿨이
꽃등 떨구고 잎사귀도 바싹 말라갈 즈음
얼굴 살짝 얽은 월남치마 끌며 멋쩍게 목대문을 밀
던 그 집 막내,
어느새 한여름이 다 저물었지.

투명한 속

개울에서 미역 감고
미루나무숲을 돌아왔어.
쪼르르 얼음창고로 달려가
쓱쓱싹싹 톱으로 잘라 신문지에 둘둘 말아
얼음 한 덩이 새끼줄에 엮어 들면
우쭐해지던 시절.
한여름엔 수박화채를 띄워
냉면도 먹고 콩국수도 말아먹지.

해머도 아니고 망치도 아니야.
대바늘이나 송곳, 깨끗한 못 따위
한귀퉁이 대고 슬슬살살 두드리면
속에서 파아랗게 실핏줄이 서며
쩌억쩌억 금이 갔지.

명백하게 들여다뵈지만
좀처럼 제 속을 보일 것 같지 않던

차고 단단한 얼음이 갈라져
빤한 속을 드러내며 잘게 부서지던 그 여름
아무것도 모르고 우리는 너무 화안해졌느니라.

그 여름의 발파

연장을 놓고 사내들이
썰물처럼 몰려나갔어.
발파아 ——
발파아 —— 왕왕대며
땡볕 아래 사이렌 기일게 울고

잠시
황량한 개척지를 채우던 건조한
정적.
그리고 또 잠시……
떠엉, 떠엉,
폭음 속에서 흙기둥이, 돌멩이들이 솟았어.

아니 폭발은 먼저
노역에 찌들어 무감한 마음을 흔드는
땅울림으로 왔지.
부르르 떨던 옹벽과 가드레일, 철골들.

콘세트 막사에
자욱하게 나풀거리던 흙먼지, 먼지, 먼지……

아침부터 해거름까지
굴착기를 철컹대고 폭약 쟁이던
웃통 벗어부친 사내들의 팔뚝이
벌겋게 익던 여름날
그 웃음이, 하이얀 잇몸들이 눈부셨어.

감　자

호밋날도 쉬어가던 꽃망울 속 줄기 아래
식솔처럼 올망졸망 영그는 고난이 있었습니다.

식당 블루스

비 오네.
열여덟 딸그가턴 어린 내 수운정……
양은젓가락, 보시기에 닿아 쟁쟁쟁.
참 나올 시간에
응뎅이 차악 붙이고 앉아
청승맞게 머언 츠으녀?
츠녀가 죄에 빠져 죽어부릿네.
끌끌 혀를 차며
젖은 사내들 돌아오고
봐유, 쩌언국 노래자랑 가설무댄
폴싹 주저앉았쓔.
사내들 이바구에
으쩌, 저를 으쩌……
못 이기는 척 손목 잡혀주던 여자,
빗줄기 사이 흘러간 생이 보였네.
비는 오는데 억수로 퍼붓는데
지금은 썰렁한 밥집.

공구리 박

생선궤짝과 합판 쪼가리가 타고 드럼통이 빠알갛게
달아올랐다. 여울여울 혓바닥 내민 불꽃, 붉게 익던
얼굴, 곱은 손, 시린 등 돌려 쬐던 곳, 그는 그곳에
있었다.

"그랴? 한븐 몸 좀 풀어볼쳐?"

늘 서먹한 만남, 불룩한 연장가방 싣고 봉고가 검푸
른 미명을 넘어갔다.

"종모기, 자넨 말이시, 이 판에서 비비고 있을 물건
이 아녀."

고개를 외로 꼬며 돌아보던 그 사람, 그는 내게서
무엇을 읽었던 것일까. 새벽의 푸른 빛이 다한 곳에
봉고가 멎었다. 철근, 콘크리트, 목공, 비계, 곰빵
…… 일 욕심 많았던 사람, 짬짬이 허리 세워 등을 두
드리면 '一心'의 팔뚝에 굵은 힘줄이 불거졌다.

"아능가. 불알이 털렁털렁하는 요런 재미?"

바위 위에서 굴착기가 덜덜 떨었다. 연장들을 다루고 철근 엮고 콘크리트 치는 법, 시멘트똥 범벅인 옷은 식초로 빨아야 한다는 비결(?)도 나는 그에게 배웠다.

"노가다라 부르덜 말어. 우린 엔지니어여."

육군중사 노오란 계급장, 명찰 박은 군용작업복 으쓱거리며 이국 땅 사막의 밤을 들먹이던 사내는.

"시범조교 앞으로!"

족장목에 한 다리 휘익 걸치고 까마득히 비계를 짜 올리며 씨익, 웃던 얼굴 삼삼할 적마다 나는 남몰래 써왔던 시들을 버렸다.

옹벽 거푸집이 우지끈, 기울었다.

목수와 공구리패 사이 드잡이 벌어질 때 실랑이를 헤치고 불쑥 해머가 나섰다. 읍싸, 쿵, 읍싸, 쿵……숨 한번 거르지 않고 옹벽을 부수던 그가 말했다.

"종모기. 앞으론 말이시, 날 말이시, 오함마 박이라

불러줘잉."

장화에 담긴 다리장을 껄떡껄떡이면서……

반지하의 꿈

까맣게 테를 둘러가는 형광등 아래
네가 웅크려 잠들던
햇살이 잘 들지 않던 방.
평안하라, 다음 살림이 깃들어도.

서울에 세들어 살기 위해

그애는 쓴다.
나의 사랑철학.
큼지막하게 쓴 다음 그 밑에 자를 대고
쓰윽 —— 밑줄을 긋는다.
그 밑에

나 + 너 = 우정, 나 − 너 = 이별
나 × 너 = 사랑, 나 ÷ 너 = 추억

한 줄 건너뛰어 그애는 다시 쓴다.
홍경오빠 생일 축하해. —엄지가.
금으로 꿰맨 옷은 다시 얻을 수 있으나
청춘은 다시 얻지 못하리.

잠시 턱을 괴면 그 얼굴이……
명숙아, 네 모습이 자꾸 아른거려.
사랑에 빠졌다고 속삭이며 멋쩍게 웃던 날.

기집애, 웬 사랑?
축하를 해줘야겠다고 생각했는데
모른 척 뾰루퉁했더란다.
언니들은 몰라.
몰래 아이를 지우고
내 어깨에 기대 네가 말했어.
세상이 노오랗고 어지러워, 사람들이 싫어
라인을 떠나간 애들은 돌아오지 않고
저녁이면 공단거리는 다시 썰렁해져
전선 사이를 아슬히 날아다니는 참새들.
자물쇠를 꼭꼭 채운 서울의 품속을
그때 나는 보았어.

세 놓음.
방 1, 반지하.
입식부엌, 욕실 딸림. 도시가스.
전세 1300 월세도 可.

주인 白.

잠이…… 자꾸만 잠이 와.

봉숭아 꽃그늘

각막이식을 위해 수술실로 가는 계집애가 있었다.

달팽이집 같은 골방 속에 웅크려 깜박깜박대던 젖은 눈, 종일 똑딱이던 벽시계, 뻐꾸기 울음 대신 기인 타종소리를 세던 마른 입술이며 바닥에 흩어진 노오란 간유알, 늘 방문 쪽으로 기울어 쫑긋한 귀.

계집애야.

그런 시절이 나에게도 있었더란다.

요놈, 앞 못 보는 뱅신인갑다!

꿀밤 멕이고 딴죽 걸던 소리들 너머 흐릿한 골목, 꼭꼭 빗장 걸린 문들 향해 허둥허둥 쫓기며 길을 잃었더란다.

간호장 아줌마, 분홍색이 어떤 빛깔이죠?

분홍빛 손톱, 분홍 립스틱 웃음에 어깨를 들먹이던 계집애야.

아득한 세월을 사이에 두고 우두커니 내가 서 있다.

황학동 벼룩시장

해종일 오금이 저리도록 짚수세미 쓱쓱싹싹
놋주발 놋수저 놋제기 닦아
숯다리미 인두 참빗 자봉틀 반짇고리 옥쟁반 이가
빠지고
통영장 개소반에 푹푹 썩어가는 서책들 앞에
장죽 곰방대 풍년초 뻐끔뻐끔
안마당에 도리깨 철썩,
바디 맷돌 여물통 디딜방아 꿍덕
주판알 튕기며 짚세기 나막신 고무신 중절모 으쓱
망태에 담겨 묵은 추억이 가고
금줄 늘인 회중시계, 치직거리며 돌고 도는 에스피,
엘피판 위에
가물가물 불 켜는 석유호롱 사기등잔 호야불
술렁술렁 추억 속으로 내려서는 두레박 함지에 담겨
굼벵이 누에 불개미 지네도 바삭바삭 말라

선반과 밀링이 밤 늦도록 웅웅 돌아가고

기계들의 외진 곳

엎드려뻗쳐 한강철교 원산폭격 '줄빠따'를 맞으며 입
술 악문 찡그린 얼굴이 가고

기름에 절고 해진 조국 근대화

투욱, 솔기가 틀어지고 헛둘헛둘……

팔꿈치 무릎에 반들반들 윤이 날 때까지

어두운 응달 속 해독되지 않는 구호를 읽고

악악 뷰티풀싼데이 세월이 갔다.

좁은 운동장에서 저물어가는 하늘 쪽으로

뼝뼝 공을 질러대던 시절을 밀며 웅웅

에스컬레이터가, 엘리베이터가 올라간다

내 사랑 마타리

　언제였더라, 잠든 이마를 짚던 열다섯 폐결핵을 앓
는 깡충한 계집애 살내음, 풀내음 혹, 치렁한 머리카
락 간지러워 차마 눈뜨지 못해 오싹거렸던 그때는.

　수레바퀴 아래였을까,
　콕콕 살을 찌르던 짚단더미 아래
　땅콩자루 쌓던 헛간이었을까,
　서로 간지럼 태우며 깔깔대고
　등뒤에 쪼그려 오줌을 누던 계집애 젖가슴 뭉클, 닿
아
　화끈히 돌아서던 얼굴은

　언제였더라, 거뭇거뭇 돋던 살거웃 부끄럽던 눈망울
속 복숭아 속살과 첫 입맞춤, 새근대던 첫 포옹은, 언
제였더라······

과거라는 우물

깊은 곳에서 이는 출렁임을
나는 듣네.
깊은 곳에서 끓어
올라
오랜 바위틈을 지나온 샘물.
고이고 스며
이끼를 덮는
차고 푸른 저
힘, 줄.

막   차

1993년 경인지역 '노동자문학의 밤'에 부쳐

통금 사이렌이 울리기 전에
귀가를 서둘러야 했던 시절이 있었다.
어제와 오늘을 가르며
울려퍼지던 사이렌 소리는 사라졌지만
어둡던 추억은 남아
그것을 지켜내는 안간힘으로
막차를 기다리는 마음이 있다.
늦은 귀가를 위해
혹은 기어이 닿아야 할 무엇을 위해
보라, 가파른 하루의 비탈을 넘어 불빛들이
생의 바퀴들이 달려온다.
통금 사이렌이 사라진 뒤부터
때때로 어제와 오늘의 구분이
우리 속에서 모호해질 때가 있다.
경적을 울리며 번쩍이는 고난의 밤들이여.
꼭 이 자리, 지금이 아니어도 좋다.

이 환난 속에서

돌아가야 할 집과 끝내 닿아야 할 그 무엇이 남은
한

우리에게 떠넘겨진 절망들을

새로운 희망으로 조직해야 할 날들은 온다.

유예된 순간들을 스치며 막차가 떠나고

그것은 이제

먼 훗날을 향한 첫 출발,

그렇게 또다른 날들이 온다.

불의 시간 속에서

보라, 갈증의 불꽃들 이끌고
땅에서 하늘로
피어오르는
연기.
그리운 몸짓 풀어 허공으로 돌려보내고
하이얀 뼈들을 굴려
지상의 벽을 핥는
혀.
낡은 유적들을 문상하며
뿔, 뿔, 이 흩어지는
재.
국경도 없이 불어가는 바람.

제 4 부

그 밤을 생각하며

어둠 속에 담뱃불이 타들어갔다.
저벅저벅 군화 소리, 철컹, 쇠문 따는 소리,
동그랗고 빠알갛게 떠오르다 지워지는 얼굴,
웅얼웅얼 웅얼거림이 있고
밖에서는 개들이
한밤의 정적을 물어뜯으며 짖었다.
봉걸레 자루가 획획 —— 바람을 가르고
군화가 가슴에 꽂히고 영내화가 날아오고
또 무엇이
어둠 속에서 날아오고 움찔움찔 육체는 쉽게
너무 쉽게 정신을 허물었다.
살아야, 살아남아야 한다, 가증스럽게 속삭이던 내
육체 앞에서
너는 울부짖었다, 개처럼.
이 순간을, 네 이름을 결코 잊지 않으마.
마른 입술을 깨물며
차마 쏟을 수 없던 말들,

의미가 되지 않던 신음들이여.
무엇이 이토록 우리 청춘을 갈라놓았나
나는 물었다. 어둠 속에서
탄환처럼 담뱃불이 타들어가던 그 밤.

길

열일곱 나이에 그는
봉제공장, 견습이 되었다. 지긋지긋한 가난을 벗기
위해
또 한 사내는 사관학교에 갔다.
희망이 부풀던 시절, 한 사람은 재봉틀 위에 코피를
쏟았고
한 사내는 외진 변방을 떠돌았다.
한 사람은 밤길을 걸어가 노동법을 읽었고
한 사내는 낡은 막사에서 전쟁론과 통치술을 읽었
다.

이 땅에서 무엇인가
그들에게 주어진 길이 있으리라 믿었다.
한 사람은 사장과 노동청을 찾아갔고
한 사내는 상관과 사령부를 방문했다.
돈 없고 빽 없는 공돌이와
상명하복에 뻥이치는, 별볼일 없는 군바리는

퇴짜를 맞고 돌아와 생각했다.
이래서야 되겠는가.
동지를 모으고 힘을 길러야겠다고.
용기가 필요한 시절이었다.

세월이 흘렀다.
일과 동지를 사랑한 숙맥과
통치와 전쟁에 길들여진 사내는 똑같이
결단의 시기를 예감했다.
그때는 언제였을까, 여기 제 목숨을 태워
너무 짧은 생을 마감한 사람이 있다.
또 한 사내는 제 꿈과 희망을 위해
한 도시를 막고 시민을 학살했다.
그들은 똑같이 사회에 물의를 일으켰지만
살아남은 자는 한 시절 태평성세를 누렸다.

죽은 자의 동지는

오합지졸처럼 고개 숙이고

또 한 사내의 혈맹은 웃으며 주먹과 총구를 겨누었
다.

힘은 어디 있는가.

그들은 어디서 갈리기 시작했나.

살아남은 자는 이제

역사의 무덤으로 들어가고 있지만

죽은 자는 묻혀 무엇을 말하는가.

저 녁 에

옥향목 향기가 이럴까.

서가(書架) 윗단을 더듬던 손목 힘줄이 불끈, 사다리를 짚고 내려왔다. 케케묵은 먼지를 털고 책장 넘기는 손길. 포석과 행마, 어느 청년노동자의 죽음, 한국의 풍수사상과 포크가요 백선, 최신 분재와 국부론 사이에서 멋쩍게 웃던 얼굴. 젊은 후배들은 앞으로만 달려갔고 그는 그렇게 뒤에 남았다. 유리문 안쪽에서 너무 일찍 시작한 중년. 드문드문 새치가 돋았고 눈가의 잔주름도 선하게 잡히는 나이. 문이 열리면 화들짝 놀라 일어서던 시절이 가고 등받이 의자에 기대어 꾸벅꾸벅 졸기도 했다. 제법 자리잡은 태가 역력한 제자들 찾아와 술 한잔 사고 함께 늙어가는 후배들이 손을 끌었지만 그는 손사래치며 수줍어했다. 그에게도 가슴 뜨겁던 시절이 있었노라 애써 기억해주던 사람마저 하나 둘 떠나고 유리문 밖에 낙엽이 구르고 눈이 쌓이기 몇해, 선생님 대신 아저씨라는 호칭 뒤에서 구부정히 일어서 손차양 다는 저 사내는 이제 누구?

숨은 그림자

느닷없이 총성이 울리면
불안에 떨던 밤들이 있었다.
말하지 않겠다.
우리가 미행해온 인습의 발자국들,
폭력의 알리바이에 대해.

똥　배

군더더기 없는 생을 보면 경탄이 난다.

체중계 위에 불안한 목숨들이
제 뱃살을 굽어보고 있다.
식탐은 허기진 과거의 유산, 혹은
아직 너의 삶은 미달이라고 바늘이 떤다.

똥배는 스스로 표현하고 증식한다.
생각해보라,
징그러운 뱃살만이 증거하는 삶을.

내 나이 서른넷,
마음에도 허리가 있다면
다이어트가 필요한 때
훌훌 털고 이 세월을 건너고 싶다.

그래, 이날이 올 줄 알았다
우리들의 다 늦은 결혼을 위해

아쉽고 서먹한 날들이 지나갔다.
집과 학교, 일터와 생업을 떠나 서성이던
숱한 망명의 젊은 밤들,
추운 거리마다 못다 한 말들을 새겨넣고
너를 바래주고 돌아서 바라보던 밤하늘이었다.

그래.
이날이 올 줄 알았다.
너와 나, 모래알보다 작은 아픔이 있었다면
그 상처로 온 세상을 아팠다.
우리에게 티끌만도 못한 사랑 있었다면
그 작은 기쁨으로 여기까지 왔다.
자꾸만 아래로 빛을 모으는 갓등 아래
서로를 감싸고 지켜

이따금 잊은 듯 돌아보리.
오랜 시간 닮아온

때로 지긋지긋한 네 얼굴 마주하며
마음의 주름도 고즈넉이 어루만지고
함께 싸워온 고난의 술잔들 헤아려보리.
무릎 아래 자식들과 어린 손자들 앉히고
이 세상에서 이룩한 사랑을 보리.
나는 너의, 너는 나의 그림자.
그림자의 그림자.

그래, 이날이 올 줄 알았다.
살 속에 박힌 티눈처럼
과거로 흘러간 순간들이 욱신거릴 때마다
상처가 상처로 빛날 때까지
멀고 먼 길을 걸어와 내 전부를 기댄
너는 행복한 모국.
나는 네가 지지하는 작은 정부.
이 세상에서 이룩한 강고한 동맹.
그래, 그래 이날이 올 줄 알았다.

* 가까운 벗들의 초대에 늦은 적 있다. 김정성·노효순의 결혼에 그랬고 김재호·성계순 때도 그랬다. 덜컥 축시까지 약속했었다면 원망을 들어도 싸다. 두고두고 돌이킬 수 있는 추억거리를 만들기 위해서라고 뻔뻔스럽게 말하곤 했다. 오류(梧柳)역에 근무해 오류(五類? 誤謬?) 시인이라고 놀리곤 했던 김명환 형과 후배인 엄정남 결혼 때야 겨우 그 약속을 지켰다. 뒤늦게 벌충하는 마음으로, 힘들게 결합하는 모든 쌍들을 위해 이 시를 남겨둔다.

차창에 기대어

버스가 해태상을 지난다.
등뒤에서 작아지는 도시, 해초처럼
흐늘거리던 시간의 사슬,
파워 스위치를 내린 검은 모니터,
자물쇠를 채운 서랍들이 멀어지고
앞서거니 뒤서거니 차들은
푸른 추억의 복판을 달린다.
스쳐가는 산과 언덕, 굽이굽이
옛이야기를 풀어놓는 능선을 따라
사라지는 것이 그뿐이랴.
때로는 이 가벼움이
속도마저 슬픔이란 걸 깨닫는다.
기약을 두고 떠나온 길
무엇인가를 향해 이렇게 흔들리며
실려가는 얼굴, 얼굴들이 유리창에 어린다.

형   제

브레이크 페달에 얹은 발목이 후들거렸다.
차는 아슬하게 국도에 걸쳐 있었다.
"처음이야. 형이 떨고 있는 모습."
자리를 바꿔앉은 아우가 말했다.
"내가 알고 있던 형은 언제나 강했어."
신호등 앞에서 차가 멎는다. 오래 생각에 빨려들
듯.

아우야,
내 의지의 조종을 받는 무엇인가 흉기가 될 수 있다
는 사실에
나는 두려웠다.
슬픈 운명인 줄 알면서
절망의 컴컴한 아가리 속으로 걸어와
이 세상에 방 한 칸이라도 세들어 살기 위해
나는 다만 강한 척했다.
살아남기 위해 목숨을 여기까지 끌고 왔을 뿐

사는 게
사는 게 아니었다.

주행연습을 마치고 돌아오던 일요일 아침
모든 풍경들이 자리를 바꾸었다.

집

갑갑한 생이지.

아등바등 평수를 넓혀 삶을 방목한다는 게, 타악

—— 짜증스러워.

융자로 장만한 아파트였다.

20년 장기저리로 저당잡힌 생의 사활쯤이야

별수 없지.

백이 널찍하게 판을 벌린다, 탁.

묵묵히 응시하는 한 점의 포석.

한 점 행마의 여운을 헤치며 돌을 놓고

자꾸 꽁수만 둘래?

호호, 체질인가봐. 변두리 좋아하는 거.

성수대교 무너지고 삼풍백화점 무너진 게

박통 탓이냐, 아니다, 와이에스 탓이다, 실랑이 끝

에 또 한 점, 탁.

우리는 지금 신도시로 간다, 탁, 타악 ——

그으래? 원이 없겠네, 다섯 집 반 공제 있지? 젊

은 날

넌 무얼 위해 싸웠니?

팔짱 낀 장고(長考) 속에 슬멋 백 한 점 튀어나와

어휴, 갑갑. 한달에 어느 정도 들어와? 타악——

능청스레 천원(天元)을 향하던 이 손으로 무엇을 이

뤘나.

오랜 침묵과

침묵 끝에 길게 뿜는 담배연기와 큼큼

어색한 기침소리, 돌 놓는 소리 닿아 밤이

깊다.

처음부터 그건

걸음마를 배울 때부터 그건
황홀한 모순이었다.
뒤뚱뒤뚱 두 다리로 걸어가면
나머지는 어색하게 흔들렸다.
하늘을 우러러
돋지도 않는 날개를 기다리며
비상을 꿈꾼 짐승이 있었다.
틀림없이 그건
아름다운 반란이었다.

바람은 늘 따로이 불고 나뭇잎
나뭇잎 지는 곳으로 세상이 깊어간다
이루지 못한
인간의 꿈이 날아올라
새가 되고 연이 되고 풍선이 되었다.
(허공을 떠가는, 더 무엇이 될까?)
더이상 꿈꿀 기력이 없어질 때까지

해지고 닳아 재로 뿌려질 때까지
어두운 땅을 걸어가면
약속처럼 사라진 별이 다시 떠올랐다.

기억하라.
한번도 멈춰본 적 없는 대열.
뼈만 남은 절망과 하늘 아래 가득한 꿈.
막막한 단절에서 비롯한
존재의 혁명.
처음부터 그건
끝이 보이지 않는 순례였다.

내   력

북채가 북에 닿아 나를 흔든다.
호젓이 밤을 넘는
영산회상 상영산 유초신지곡*
피리소리, 대금소리……

죄지은 말들이 돌아와 문득, 뒤통수를 치면
목숨이여, 너의 가락을 뚱겨다오.
소리의 집인 말이 아니라
그 울림이, 울음이, 관능이
마음의 거문고, 금생의 살(肉)을 흔들고
더 집중하면 출생의 어귀
애채 돋는 버드나무, 느티나무 아래까지
어름어름 더듬어 갈 수 있을 것 같은데

하 ——
한 가닥 목숨에
너무 깊은 울림……이 퍼져

휘영청 달을 띄우고

문 밖 온 나라가 환하다.

금생이 눈부시다.

* 柳初新之曲. 현재 전하는 영산회상(靈山會相) 9곡 중
  8곡은 상영산의 변주라 할 수 있다. 영산회상 혹은 상
  영산의 음계를 낮춰 대금이나 피리등 독주악기로 변주
  하는 평조회상(平調會相)의 아명(雅名).

창

또 하루가 저문다.
남녘 땅 아침을 지나던 눈이
희끗희끗 서울에 들어선다.
병원 뒤뜰 울안의 거위들 꺼억꺼억 ——
운다.

창문 열고 물끄러미
주차장에 흩날리는 눈을 본다.
1열 2열 3열…… 정지한 차들 위에 사륵사륵 싸락눈
덮이고
창가에 훅 —— 뛰쳐들 듯 머뭇머뭇……
다시 먼 고요 속으로 흘러간다.
강변도로, 차들이 희끄무레한 저녁을 가로질러
그 너머 빌딩 사이 네가 건너간 섬이 솟고
우리 사이를 흐르는 강은 보이지 않는다.
늪의 시간으로 밀려가고 밀려오는
저녁의 굼뜬 바퀴들, 길이 막히고

유리창 안에서 주전자 찻물이 끓는 동안
공중에 환하게 불 밝힌 세월이 탄성을 내놓고
못내 가두었던 눈발이 흩날린다.

우주왕복선 디스커버리는
우주정거장 미르에 도킹하기 위해 여행중이다.

지상의 환승역

차양대 위에
오래 움직임을 멈춘
텅 빈 화차 위에, 철길에, 보도에
비둘기, 비둘기가
휘익 —— 하늘을 미끄러지다 쏘옥, 솟구쳐
푸르르르 짝, 짝, 좌악……

가까이
허공의 시간을 접고
무리 속에 내려와 천연스레
꾸릉꾸릉 속 깊은 울음을 묻는
청동빛, 핏빛 목덜미.
잿빛 날개, 날개……
다 사라지고
그 푸득푸득푸득거림만 남아
불후불멸.

봄이 흐르는 강가에서

물살 위로 돌을 던진다.
이얍, 이얍 이제까지 해온 말들을 버린다.
티잉, 티잉, 날아간 짱돌이
강물처럼 깊어질 것이다.

사랑의 징후

살별처럼 온다.
막연한 예감과 그리움이, 떨림이,
이 아찔한 섬광은 어디서 오는가.
근원을 알 수 없는 향기가 오고
흠, 흠, 흠 허밍으로 온다.
공기 속으로 부풀어 떠오르는 비눗방울, 방울들이
퐁, 퐁 터질 때마다
깊이를 모를 곳에서 진저리친다.
빛난다.

한 여름

쿨렁쿨렁 스프링클러가 돈다.
잔디에 들어가지 마시오.
햇살 속으로 투신하는 물방울 물방울 물방울이
푸른 잔디의 시간을 적셔간다.
안돼, 안돼, 뿌리치고 아이가
뒤뚱뒤뚱 걸어가 분수처럼 팔 벌린다.
하늘 아래
죄와 부끄러움을 모르는 웃음
퍼진다.

어느 삼십대에 바침

그 여름의 끝에서 태풍이 오고 늦은 우기가 시작되
었습니다.
집과 거리가 잠기고 모든 것이 쉽게
범람하고 허물어졌습니다. 숨기고 싶은 불륜도 거리
를 떠돌다
시들했지요. 화염병을 들고 유인물을 쓰던 손들은
익숙하게
넥타이를 매고 키보드를 두드리며
허튼 웃음, 서툰 악수를 나눴습니다.
유학 간 벗으로부터 감동 없는 편지를 받으며
엉거주춤하게 저마다 의자에 앉아 삼십대를 흉내냈
지만
성숙이란 말을 꺼내기 두려웠습니다.
헤아릴 수 없이 아득하기만 한 며칠 만에
비가 그쳤습니다. 잘려나간 은사시나무 밑을 걸으며
불현듯 타락하고 싶었습니다.
쓰르라미가 울고 아픈 가을이 시작되었습니다.

성 묵요일

주일에 하루 혼자 맞는 아침이 있다.
응답기를 틀어놓거나 전화코드마저 뽑고
훌렁 배낭 메고 가까운 산을 올라
호젓이 상수리나무 숲길 걸으며
바짓가랑이에 첫 햇살 기다려온 이슬 적시고
암벽에 서리는 푸르스름한 아침 안개를 보았는가.
산 밑에 마을과 도시가 엎드려 있는 것을 보았는가.
산을 오르내리는 길에 마주치는 얼굴들
고개 끄덕이고 눈인사를 주고받으며 올라
지친 발을 개울물에 씻고
아무렇게나 살아온 생을 발 아래 흘려보내며
산에서 내려온 저녁에는 청성곡이나 그레고리안 성
가에 취해
밑줄 그으며 책을 읽었다.
한마디도 헛되이 흘리지 않았고 아무 불편도 없었
다.
성 묵요일 밤에.

뒷모습이 아름다운 사람

방　현　석

　어떤 사람을 생각하면 가장 먼저 떠오르는 것이 하나씩 있기 마련이다. 그 사람의 얼굴 표정인 경우도 있고 특별한 장면 하나인 경우도 있다. 정종목을 생각하면 그의 뒷모습이 떠오른다. 잠바차림이기 일쑤인 그의 뒷모습은 왠지 쓸쓸하다. 술자리가 파한 다음 등을 보이며 멀어져가는 그를 목격한 적이 없는 사람도 능히 그의 뒷모습을 상상할 수 있다. 유난히 크고 투명한 눈동자를 앞세우고 걸어가는 시인의 쓸쓸한 뒷모습, 그 편린은 그의 시 곳곳에서 드러난다.

> 토막난 추억이 등 밝히고 온다.
> 사랑이여.
> 너로 인해 환멸을 배웠다.
> 유리창이 스쳐가고
> 문이 열린다.
> 세월에 등 떠밀려
> 굽은 어깨들 밀려오고 밀려가고

빛나던 네 눈동자
없다.

——「사랑의 역사」 부분

　그러나 다시 생각하고 의심해본다. 요즘 뒷모습이 쓸쓸
한 사람이 어디 정종목 하나만이겠는가. 열정과 굴욕으로
뒤범벅이 된 저 지독한 시대, 80년대에 고스란히 자기의
20대 순정을 바친 자 그 누구의 어깨인들 한조각 회한 얹
히지 않았을 것인가. 같은 길을 가고 있다고 믿었던 수많
은 우리 동년배들의 우울한 잔영이 그에게도 있다. 하지만
그의 뒷모습에는 그만의 그림자가 있다.
　그를 처음 만난 것이 언제인지 도무지 기억나지 않는다.
분명 그와 나는 어느 대학의 문예창작학과를 한 해는 같이
다닌 알리바이가 성립되는데도 제대로 술 한잔 마신 적이
없었다. 지금부터 십년 전, 그는 그대로 나는 나대로 무너
져야 할 것을 무너뜨리기 위해 분주했다. 수시로 붙들려가
매를 맞고 구류를 살며 지낸 그 한 해 동안 나는 그가 어
떤 시를 쓰고 있는지 알지 못했다. 문학을 버렸던 시절이
다. 도대체 시란 것이, 소설이란 것이 진실을 담보한 전단
한장보다 의미가 있을 수 있는지에 대해서 회의했었다.
　몇년의 세월을 흘려보내고 다시 만났을 때 그는 시인이
되어 있었다. 나에게도 소설가라고 불러주는 사람들이 있
는 자리였다. 그 자리에서 그는 대뜸 나에게 말을 놓았다.
나는 약간 혼란을 일으켰다. 내가 이 자에게 말을 트자는
제의를 과거에 한 적이 있었던가. 그는 분명 학교란 것으
로 따지면 후배였다. 세상을 통째로 움직여보겠다는 꿈을
품었다는 자가 쩨쩨하게 그런 것을 가지고 따질 수는 없는

노릇이었지만 한편으로 괘씸했다. 이때부터 비로소 나는 그와 그의 시를 유심히 읽기 시작했다.

도전적인 어법과 냉소적인 표정을 남기고 돌아서 가는 그의 뒷모습에서 아름다움을 발견하기까지는 많은 시간이 필요치 않았다. 서울 변두리의 서정이 담긴 그의 시에는 자기 삶을 가꾸며 견뎌온 자 특유의 자부심이 있다. 그가 공업고등학교를 졸업하고 문학을 전공하는 대학으로 진학했다는 사실을 안 것은 나중이었다.

생선궤짝과 합판 쪼가리가 타고 드럼통이 빠알갛게 달아올랐다. 여울여울 헛바닥 내민 불꽃, 붉게 익던 얼굴, 곱은 손, 시린 등 돌려 쬐던 곳, 그는 그곳에 있었다.
———「공구리 박」부분

이처럼 그의 시를 떠받치고 있는 구체성의 힘과 탄력있는 리듬은 삶의 현장으로부터 나온다. 그는 이들의 끈질긴 생명력을 체화하면서 자신이 그 일원이라는 사실에 강한 자부심을 지니고 있다. 대가를 치르며 성장해온 사람들이 가지는 특유의 당당함이다.

이번 시집에는 초기 시풍의 「서울에 세들어 살기 위해」같은 삶의 언저리에 대한 노래, 「그 밤을 생각하며」같은 80년대 상황에 대한 기억, 「북어, 북어국」같이, 오늘의 아픈 모색이 함께 실려 있다. 특히 지난 연대에 대한 회한과 애정, 오늘을 넘어서려는 몸부림은 눈시울을 달아오르게 만들었다. 그는 티끌 같은 대가를 치르고 태산 같은 아픔을 노래하는 유행을 거부하고 다시 사랑하기 위하여 더듬더듬 길을 찾고 있다.

짧았던 한 시절이 가고
광기의 연대가 끝났을 때 나는 혼자였다.
문득 맞는 서른의 아침.
북어는 저자에 있고
북어국은 내 앞에 끓는다.
핏발 선 한때의 눈, 가시와 상처를 숨기고
처형당한 청춘의 마른 살점을 뜯어

지금 내 속에 끓어 넘치는 이것은
연민인가, 덧없는 한 시절을 다시 맞는
다짐인가, 사랑을 완성하기 위해
나는 또 얼마나 견뎌야 하는가.
　　　　　　　　　　　──「북어, 북어국」 부분

　오늘이 오기까지 얼마나 많은 사람들이 또 얼마나 많은
희생과 대가를 치렀던가. 진정으로 용기와 정의감을 필요
로 하던 시절에 어디에서 무엇을 했는지 알 수 없는 사람
들이 이 시대의 심판자라도 된 듯이 우리를 향해 칼을 들
이댈 때 우리는 어찌해야 하는가.
　요즘의 세태가 보여주는 특징 중의 하나는 어느 누구도,
현재에는 대가를 치르지 않고 이 시대와 미래를 책임지겠
다고 발언한다는 점이다. 발언의 자유시대가 온 것이다.
대가를 치르지 않고 발언할 수 없던 시절이 가기가 무섭게
준엄한 발언들이 줄을 잇고 있다. 견디기 쉽지가 않았다.
이럴 때 부르는 우리의 노래는 대체로 힘들었고 위험했다.
그의 시, 「자동응답기」 「푸른 새벽을 새들이 깨우다」 「순

결에 대하여」를 읽으면서도 나는 아슬아슬함을 느꼈다.

　지난 시절, 그리고 지금도 우리 역사 앞에 부끄럽지 않
게 살아가려는 사람들이 불러야 할 오늘의 노래는 냉정해
야 한다. 과거에 우리가 치른 대가를 가지고 오늘에 보상
받기를 희망해서는 안된다. 오늘의 노래를 부르기 위해서
우리는 오늘의 대가를 지불해야 한다. 대가를 지불하지 않
고 성과를 얻으려는 것은 도둑의 심보는 될 수 있으나 시
대의 영혼을 노래하려는 사람의 태도는 못된다. 민중의 입
과 귀가 봉쇄되었던 지난 시절, 우리는 그들의 입과 귀를
대신하는 것으로 그들의 신임을 얻었다. 용감하게 발언하
고 거기에 따르는 당연한 대가를 치렀으며 그것은 우리의
자부심이기도 했다. 그러나 지금의 시대가 우리에게 요구
하는 대가는 어떤 것인가?

　억지로 우기는 것이 아니라, 우리의 아름답던 꿈을 실질
적으로 옹호하기 위한 성실하고 진지한 모색이 필요하다.
거기에는 끈기와 인내라는 대가가 따른다. 정종목은 그러
한 작업을 시작하고 있다.

　　처음 가는 낯선 길, 낯선 거리, 막다른 골목, 물러앉
　은 복숭아뼈 다시 붉어질 때까지 절뚝거려선 안돼. 쉿,
　조심.

　　　　　──「복숭아뼈에 대한 회상」 부분

　놀랍게도 서른다섯의 사내가 이런 노래를 불렀다. 언젠
가의 술자리에서 주민등록증을 조사하려는 나에게 호적이
잘못 돼서 그렇지 실제 나이가 서른다섯이라고 끝까지 버
텼다. 흔적조차 희미한 서울 변두리, 그의 고향에 가서 사

실 여부를 확인할 수도 없어서 동갑으로 인정하고야 말았다. 어쨌든 그 서른다섯의 사내가 이 시대를 견디며, 넘어서 가는 걸음걸이가 시의 형상처럼 눈앞에 선연하다.

그가 힘겹게 발걸음 옮겨 디디며 부르는 노래는 분명 우리 문학의 지평을 한단계 더 올려놓을 것이다. 그에게는 이미 예전부터 지니고 있던 세 가지 미덕이 있다. 대가를 치르며 살아온 자들만이 가지는 건강한 시적 생활력, 사유의 깊이만큼 사물을 관통하는 직관력, 탁월한 감각의 형상 능력, 이 세 가지 힘이 그의 시에 강력하게 배어 있다. 아직도 나는 소설이 노력을 통한 숙련을 요구하는 작업이라면 시는 천부적 자질을 요구하는 장르라고 믿고 있다.

일찍이 발표된 바 있는 「동해고속도로」를 보고 우리는 숨이 막힐 뻔했다. 사색과 직관의 첨예한 대립과 조화, 그 팽팽한 긴장 위에서 그는 걸음을 옮겨가고 있는 중이다.

    지금 그들이 찾아가는 곳은
    어디쯤인가.
    오직 한순간 눈을 감으면
    모든 순간은 흘러가고
    떠도는 것은 바람 속의 티끌, 티끌뿐이라고……
    카오디오는 무감한 시절을 울려대고
    차마 눈감지 못한 날들은
    불시에 제한속도를 넘어선다.

    침묵으로 달려드는 길이 허옇게
    범퍼 밑에 깔린다.
    다만 끔찍한 충돌과 전복을 피해

망망한 바다 곁을 달려가고 있는 이것은
　　정녕 위험한 편승인가.
　　해지기 전까지
　　그들이 닿아야 할 곳은 어디인가.

　　며칠 전에는 그와 함께 폭음을 했다. 도대체 그가 왜 하
필 나에게 발문을 쓸 영광을 주었는지 묻고 싶었다. 요즘
작품도 제대로 못 쓰고 있는 나에게 '난 이만큼 쓰고 있
다. 너 뭐하냐' 하는 그의 음험한 추궁이 숨어 있는 것만
같았기 때문이다. 술을 마시며 그것이 어느정도 사실이라
는 심증을 굳힐 수 있었다. 그의 흉계는 내가 그에게 지닌
우정보다는 몇배 큰 우정에 근거해 있었고, 내게서 이 시
대를 흔들리지 말고 함께 넘어가자는 다짐을 받아내려는
수작이었다.
　　오늘 이전까지 남의 시에 대해서 글로 말해본 적이 한번
도 없었다. 이 글을 쓰고 나서도 내가 그의 시를 제대로
읽어내기나 했는지 두렵다.
　　그의 이번 시집이 아직도 버리지 못한 꿈을 간직하고 살
아가는 우리 시대의 사람들에게 그가 내는 한 대접 더운
북어국으로 받아들여졌으면 좋겠다. 그래서 부디 이번 겨
울은 그의 북어국으로 하여 가슴 뜨끈뜨끈해지는 사람 많
았으면 좋겠다. 아울러 그도 이번 겨울에는 꼭 결혼을 해
서 아내에게 뜨뜻한 북어국을 얻어먹을 수 있게 되기를 빈
다.

후　기

엉겁결에 첫 시집을 묶은 이후 햇수로 5년째, 만 4년 3개월이 흘렀다.

그동안의 궁핍과 외로움, 내 안에 흉물스럽게 꿈틀거리던 욕망들과 싸웠고 주어진 시간들을 견뎠다. 이제 이 기록들을 기꺼이 독자에게 보내고자 한다.

하나의 가락이, 노래가, 음악이 충만할 때까지 기다려 채보(採譜)하듯 기록하고 고쳤다. 어느 무렵인가 거꾸로 지우고 버리기 시작했는데 그럴 때 살점이 떨어져나가는 듯한 아픔과 그 뒤에 이어지는 아스라한 해방감을 느꼈다. 아아, 그게 여직 시를 버리지 못한 까닭이겠지.

이 땅에서 서른다섯 해를 살았는데 과분한 빚을 진 느낌이다. 내가 만난 사람들, 내 인생에 감화를 주고 지표가 된 영혼의 그 여린 몸짓들, 짧지만 아련한 추억을 새긴 순간들, 앞으로의 생이 이 모든 것들에게 진 빚을 감당할 수 있을까. 무엇보다 내 반쪽이 되어줄 사람과 언젠가 태어날 2세에게 떳떳하고 싶었다. 삐걱거리며 가자, 생의 수레바퀴여.

당분간 이 지긋지긋한 시를 잊고자 한다. 여기에 실린 시들은 이제 독자의 몫이다. 시여, 이 세상 속으로 당당히 걸어들어가라. 다시 만날 때까지 안녕.

> 1995년 한창 단풍 물든 가을 새벽에
>
> 정　종　목

창비시선 · 139
복숭아뼈에 대한 회상   ⓒ 정종목 1995

1995년 10월 30일 초판 인쇄
1995년 11월 10일 초판 발행
지은이 정   종   목
펴낸이 김   윤   수
펴낸곳 (주)창작과비평사
121-070 서울 마포구 용강동 50-1
전화 718-0541 · 0542(영업)
718-0543 · 0544/714-3666(편집)
716-7876 · 7877(독자관리)
FAX. 713-2403
지로번호 3002568
대체구좌 010041-31-0518274
등록 1986. 8. 5 제10-145호
조판 동국전산주식회사／인쇄 삼신문화사

ISBN 89-364-2139-5 03810   값 3,500원